Schwarzlicht

Klaus Ebner

Schwarzlicht

Lyrik

Bibliografische Information der Deutschen Nationalbibliothek:
Die Deutsche Nationalbibliothek verzeichnet diese Publikation in der
Deutschen Nationalbibliografie; detaillierte bibliografische Daten sind
im Internet über https://portal.dnb.de abrufbar.

© Klaus Ebner 2021/2022 – www.klausebner.eu
Covergestaltung und Satz: Klaus Ebner unter Verwendung einer
Grafik von Arek Socha auf Pixabay, www.pixabay.com
Autorenfoto: © Eliah Antoine Ebner 2020
Herstellung und Verlag: BoD – Books on Demand, Norderstedt, BRD
Printed in the European Union
ISBN: 978-3-756203765

Schwarzlicht

Hoffnung
hehres Wort
im Schlund verharrend
oft vernommen
oft verspürt
entzieht es sich dem Zugriff
streut
und perlt von allen Zungen ab
am besten macht es sich als
Talisman
im Portemonnaie

„Ein Portemonnaie," – so
feixt ihr –
„brauchst du nicht,
was zählt, das hast du ohnehin
an Bord, das Fleischgemüse,
Trockenwasser, Festluft …
alles andere bleibt irdisch." –
schrille Töne dis-
harmonisch
euer garstiges Gelächter frisst den
Raum

der Raum:
ein Sehnsuchts-
wimpel flattert wie ein feiner ♫ Ton
fernab des Alltags angespielt
so zart erspürt und zitternd wahr-
genommen;
reicht ihn mir und
lasst mich endlich
endlich
ziehn →

zogen nicht die Alten aus den dunklen Mythen
oszillierend hell vor uns einher?
sie kerbten Furchen ↘
schabten Pfade
die vor uns gelegen
liegen werden
Menschheitslichter gestern
heute
morgen
zu-
geschüttet ist der Weg

Wege mathematisch definiert
als Strecke A nach B
was davon abweicht, bleibt tabu
verschwindet flugs in Unbestimmtheit
jede *Ein*heit lässt sich messen
scharf geeicht
– ihr sprecht von „unfehlbar" –
und alles sei durch Elektronik ausfalls-
sicher überprüft
und kontrolliert

„Kontrolle" wagt ihr
auszusprechen?
kakofonisch krächzt das Pult
ein spitzes Wort in
krummen Punzen
eingeritzt in Stelen
starren Paragraphen
die aus euren Köpfen *boomen*
mir jedoch
mir ist
als glitte die Kontrolle einer jeden
Lebens-
zelle aus der Hand

Hand ans Pult
Module aktiviert
(CM → SM → das Triebwerk → Tanks)
es ist so weit
ich bin in Position
von draußen klagt die Blasmusik so
freudlos wie der klandestine Auf-
bruch (→ eine Flucht?) …
jedoch
die Ruhe selbst kommt
mit an Bord
geht mir zur Hand
es ist der letzte Check vorm Start
ihr ruft:
„Du bist jetzt ganz
auf dich
allein gestellt!"

stellt richtig
wenn ihr könnt
weicht einen Schritt
zurück
– ich störe nicht
und funke nicht dazwischen
meinen Monolog
verbiegt ihr ohnehin zu
Propaganda –
außerdem …
ihr habt nun jederzeit die
Macht
den Funk zu kappen

kappen sollten wir den Strudel
der uns zu verschlingen droht
so vieles
was uns längst entglitten
müssen wir uns wieder holen
————

trotzdem herrscht nur Trägheit
ungeheuerliches Zaudern
und auch ich verschwinde
weiche
fliehe diesen Pfuhl der
Ohn-
macht
ich verlasse euch und mich und
jeden Ort

Orte
Inbegriff von un-
scharf
relativ und flüchtig
Bruch-
gefahr
will Zeit, will Wort
ihr hört es nicht
ihr hörtet mir nicht zu
ihr hört es niemals
nie

nie wär ich
geflohn
ein Wolken-
bruch
der Einsicht
ausweg-
los war ich
durchnässt

durchnässt der Handschuh
scharfer → Schub
die Finger zittern
aufs Metall gepresst
als wären sie in
eure Technik
→ eingeschmolzen ←

verschmolzen mit der Zeit
mit unsrer Ignoranz
ein Geister-
faden quer durch
die Geschichte
rote Augen aus dem
Bilder-
buch
ein Starren
stumm
aus Trägheit ist
der Welten Tanz geschmiedet

geschmiedet habt ihr über
alle Maßen
Pläne für die prallen Säckel
Diebesgitter
Ränke
und der Weg zurück
ist lange schon verschüttet
———
stimmt nun an
die dünne Melodie
denn zäh durchtränkt ein Trauer-
rand
der Erde Augen-
blick

Augenblick und Inne-
halten
lasst den Bildschirm an
und seht;
wenn ihr mich strafen wollt
für meine Abenteuer
schweigt
sobald die Worte
die ich denke
euch zu Ohren dringen

dringen Laute durch die
Leere?
stille Laute?
Worte?
atmosphären-
los der Raum
und was ich sage
zittert
ohne festen Halt auf
einer dünnen Kette
loser Wellen

Wellen ≈ reisen un-
sichtbar
sie paaren Welten
(Wellenwelten)
dennoch schwelgen sie im
Hauch des Todes

Todes Ahnung lebt
in mir
– ihr glaubt tatsächlich
dass die Einsamkeit hier draußen
die Gedanken plump
verwirre? –
→ einsam
ist ein Tropfen nur
so lang er fällt

fällt aus jeder Richtung
Elektronenstaub
Neutrinos schlagen Tunnel
ungebremst durch mich
hindurch
was weiter draußen wartet
will ich nicht ergründen und
ich weiß
die Flugbahn *lässt* mich
nicht

nicht *eine* Zeile habt ihr mir
geschrieben
eure Blicke
auf dem Bild-
schirm stieren in die Kapsel
Zuflucht ist ein andres Wort für
Endpunkt
„Übertreib nicht", sagt ihr, „denk
an deine Mission!"
als ob das von Bedeutung wäre
„Zuflucht" ist gewissenhaft zu tippen
achtsam und mit Sorgfalt:
→ Zu-
flucht ←

Zuflucht suchen
draußen in der Trajektorie
der Weg
der vor mir liegt
ist bloß ein Sandkorn mitten in
der größten Wüste
die ein Mensch erahnen kann
————

ich drehe mich im Kreis ↻
und denke
nichts

nichts
wiegt schwerer als die Konzeption
des Nichts
in alten Büchern steht geschrieben
was wir alle längst
vergessen haben
was ein Finger
mahnend
uns vor Augen hält

hält mich auch der Riemen
im Geschirr
ich schau ← zurück
erkenne
was wir hüten sollten
Schatten überm Land und
über Wasser – wie ein Atem –
der Planet gibt seine runde Form
allmählich zu erkennen
meine Perspektive gaukelt
Über-
schau-
bar-
keit
mir vor

vor allem aber
hat der weite Blick
den ihr mit Kameras auf
euren Monitor kopiert
und blindlings teilt
im Grunde mit
Verantwortung
zu tun

tun →
das ist der Schlüssel
etwas tun
so vieles tun
ihr tut so viel
und ich tu mit
am Ende dann ist
viel *getan*
doch nichts vollbracht

vollbringen wir
was irgendjemand sich
erdacht
ein ganzes Leben lang läuft
ab
was in die Chronik kommt
und Schüler rezitieren
kommentieren
plappern nach
die Namen und Begebenheiten
Jahres-
zahlen
nichts verrät
was unrettbar verschwand

verschwinden will ich
von dem Ort, wo niemand
es bereut
dass grüne Flecken
jeden Tag verblassen und
→ erlöschen
————

Regenwälder
bald ein antiquiertes Wort
aus einem Lexikon

Lexikon, ein andrer Ausdruck
für Geschichte
einst die Chronik dieser Welt
und heute
arg verkommen
eine Liste unsrer Taten bleckt
die Zähne:
Wälder schrumpfen und es scheint
wir gäben keine Ruhe
bis die Grenze unsrer Bäume
hin zum Meeresspiegel sinkt

versunken ist der Meere Anreiz
wo vor Jahren tiefes Blau
protzt mittlerweile ein Moloch
aus Plastik
nimmt dem Leben seinen Raum
und wetzt ein atonales Klagen aus den Gliedern
unersättlich ist er und
gefräßig
er verleiht den *Kontinenten* einen
gänzlich neuen Sinn

Sinn → das ist
wonach mich dürstet

————

voller Blindheit weggeworfen
rasch noch
alles Material veredelt
chemisch aufbereitet für die
→ Ewigkeit ←
und auf die Straße
in die Flüsse
ab ins Meer

————

ob Abfall aus dem Sicht-
feld rutscht
ist lange schon
egal

egal ist nicht
egalitär
obwohl …
es hat schon seinen Reiz:
die Gleichheit
Gleichbehandlung
gleiche Rechte
hehre Worte (schon einmal erwähnt)
doch niemals wurden sie ver-
wirk-
licht

verwirklicht ist ein kruder
Höllentanz
sein Fibrillieren um den
Erdball
Hüpfen übers Feuer
→ glaubt man
denn in Wahrheit geht es
gradewegs →→→ hinein

hinein ins Unglück
und der Glaube gaukelt weiter
Froh-
sinn
vor und wischt mit dicken Lappen
Augen aus
es reizt schon
jede Unbill hinter sich zu lassen
Argwohn hinter Schloss und Riegel sperren
denn die Welt ist schön
wenn keiner schaut
was sie ← *von innen her* → zerfrisst

zerfressen sind wir
ohne es zu merken
Fäulnis bettet uns so weich
dass niemand einen Riss vermutet
einen Riss
durch den die Feder kraftlos ihre Spitze
stößt
wir wissen nicht
nach welchem Startschuss uns der
Kampf den Atem rauben wird

wird Atmen unerträglich
führt das Trinken bloß zu Durchfall
hitzt die Sonne jedes Alter in den Tod
dann frisst die Endzeit
alle Bücher;
Dystopien verenden rasch
und ohne Aufsehn

————

werdet ihr dann sagen
nun sei es zu spät?

spät ist jetzt und hier
aus meinem Raumschiff schaue ich
mit trägem Blick zurück
durchs Panzerglas auf
einen wohlbekannten Fleck
den blassen blauen Punkt im All
der vor mir sich noch plustert
aber doch minütlich schrumpft
es ist ein Jetzt und Hier
die Ahnung raunt: vielleicht das letzte

letzte Worte schicke ich
in eure unverfrorenen Gesichter
wachsen lasst ihr den Verdacht
ich hätte viel zu viel darüber nachgesonnen
freies Denken ist das Salz in eurer Suppe
doch ihr hattet im Rezept die Menge schier
vergessen
sucht jetzt Korrekturen
Not-
programme
werft Routinen in das Räderwerk
um mich zu stoppen
(ja, ich schmunzle)
labert euch ins Nest der Ausflucht
phantasiert vom angebrochnen
Abbruch

Abbruch ↙
(ein vernünftiger Gedanke)
Abbruch eines Fortlaufs
der zur siechenden Routine längst
mutiert

————

mit beiden Armen fuchtle ich herum
doch meine Suche nach dem roten Knopf
der alles anhält
ist (aus purer Absicht?)
ganz und gar vergebens

vergebens ruft die Kruste nach
Entlastung
Wasserspiegel kräuseln sich
als ob ein Auge fragend aus der
Tiefe stierte
eine Ruhe (vor dem Sturm?) thront
melancholisch
auf der Krümmung des Planeten

Planetenbahnen unsichtbar
gezeichnet auf dem Raster einer Karte
„ganz präzise, letztes Update" klingt mir
klar im Ohr
das Raster springt aus unsren Köpfen
angepasst ans Nichts
verrutscht sein Resultat in
farbenwirres Feuerwerk

Feuerwerk zum Abschied
unheilvolles Knistern
Pyrotechnik aufgeschoben bis zur Rückkehr
abgefackelt wie der Boden
unterschieden wird schon lange
nicht
der Müllplanet verhüllt bewährte
Reize
unter Schwaden dunkler Ahnung

ahnungsvoll verhärmen eure Blicke
jederzeit könnt ihr den *Handshake*
lösen
aber wisst
dass ihr die Daten-
flüsse nicht chiffrieren braucht
denn meine Worte
haben nichts Geheimnis-
volles
jede Sprache kennt sie
zur Genüge
hortet sie im Lexikon
wenn ihr nicht anders könnt
beäugt sie skeptisch und
verschüttet sie im Schwadronieren

schwadroniere ich ein Korn
dann ziseliert ihr es zum Körnchen
hintenrum
verliert es sich im toten Winkel
den ihr kreativ
als imposanten Wunsch platziert

platziert die Kapsel über
Wipfeln
schön zum Anschaun
ein Motiv fürs Foto-
buch
die Intention des Teams vergrabt
am besten tief in einem
Stollen
niemand soll erfahren vom Ver-
such
die Welt
am eignen Schopf aus ihrem
Sumpf zu zerren

zerre ich am Riemen
höre ich das Ächzen im Gebälk
und dennoch weiß ich
dass ein jedes Seufzen bloß
in meinem Schädel klingt
ich bin im Anflug zum Trabanten
an der Seite gehts mit Schwung vorbei
der Brennpunkt liegt dort irgendwo
verborgen
in die Kurve falle ich von
Anbeginn

Anbeginn und frühes Ende
schamvoll abgewandt mein Blick
ich höre nicht die Instruktionen
überlege
wie der Strom zu unterbrechen sei
ein Riesen-
maul bedroht die Erde
nur ein kleiner Happen
und dann ist sie weg
(es brodelt in der Phantasie)
es steht auf Abruf
tröpfelt Punkte aufs Radar
kann niemals echte Spuren prägen
Fragen
Fragen über Fragen

Fragen klaffen mondschein-
breit
so nah am Scheitel der Ellipse
über-
wacht und fern-
gesteuert
für Notwendigkeiten bloß
Verachtung
jetzt schon mag ich nicht zurück
das Ziel verrauscht, ein Fehl-
schlag droht
die Zukunft probt
den Untergang ↙

Untergang sei vorgezeichnet?
Ende eine singuläre Option?
so lasst mich glauben
lasst mich hören
lasst mich fühlen
eure Stummheit ist beredt
der Flug verwittert auf dem Monitor
die Warnung ist ein lauer
Wind
und Pandemien verbreiten Aufbruchs-
stimmung

Aufbruchsstimmung ganz von vorne
in Minuten wird es still
was euer Plan war
– aller Plan –
verpufft im All
Milliarden Jahre sind entlarvt als
Gegenwart
ich lehne mich zurück und
warte (ruhig) auf das
Blackout

Blackout
die Sekunden halten inne
dunkle Seite unsres Mondes
und die
Stille
nimmt die Kapsel in
Beschlag
ich lehne mich zurück und
schließe meine Augen
bin ich hier am Anfang?
Wende-
ort und Scheitel-
punkt
das → Schwarzlicht ← ist der Tod der Dunkelheit
die Ankunft ist die Rückkehr
ja ich weiß
ein Punkt ist flugs vorbei
es ist entschieden
gleichsam flüchtig (Punkt) und ewig (zeitlos)
mit Gedanken suche ich den
Halt
im Blackout

Blackout
ist ein träges Wort
es löscht nicht nur die
Kommunikation
es löscht das Wissen
die Erinnerung und
alles
was mal war
die Dunkelheit gebiert im Zögern einen
Neustart ↗

Neustart automatisch
nichts zu tun
ich lehne mich zurück
die Schwerkraft holt den Sattel-
punkt
zu sich
und bar der Flieh-
kraft treibe ich im
dunklen Raum an kaum
bekannten Depressionen
Mare Leibnitz
Poincaré vorbei
nicht weit vom Kármán-Lande-
platz der Sonde

die Sonde meiner Seele
draußen
weit von aller Welt entfernt
entrückt
als ob ich selbst mich
sähe
in der Kapsel
einsam
ob der Leere
gründlich überrascht

„Überraschung!" – sagst du
ja →
es ist
als ob die Dunkelheit auf
→ mich
gewartet hätte
gleichsam wie die Wellen eines Sees
den Ursprung weisen
leitet mich das dunkel-
violette → Licht ←
und sprachlos finde ich den Weg zum
→ Du

du warst dabei
ein Blick zurück
das Schwarz des Kosmos
breit-
gefasst
ich blinde mich und
spüre dich
als lachenden Photonenstrahl

Photonenstrahlen auf der Gegen-
seite
Gruß zum neuerlichen Blick
← zurück
der blasse blaue Fleck in farben-
prächtiger Montur
Programmroutinen im *Reboot*
ich höre deine Stimme

Stimme dunkel wie
der Schall
Erinnerung
an dich
(an Zukunft?)
Wirklichkeit verschwimmt in Trübnis
lässt mich wanken
(mehr noch als der Raum)
und dennoch:
eine Vision gemahnt mich an die
längst verblühte Zeit

Zeiten-
wende sprichst du mit
der Stimme meines
Ichs
im Licht-
schein matt
vom Unter-
grund mit Fingerspitzen
los-
gerubbelt

rubbeln wir das Los
der Bodenstation
sie werden es
die Augen zugekniffen
wohl er-
kennen
lösen wir die Kruste
sorgsam
von der Furcht des
Monitors

Monitore nutzlos
wenn die Sprache aus dem Rahmen
fällt
das Du
steht frei im Raum
so dicht
so warm
so nah

nah ist fern
(ein Gegensatz wird Synonym)
und relativ
Vergangenheit ist Zukunft
Schnitt-
punkt
ist ein ewiger Moment
wir schreiben in Gedanken
du zu du
und ich zu ich
das *Wir* gerinnt zum
Ziel-
punkt
einer Dimension

Dimension
vergoren zur Natur der
Zeit
das Flimmern auf dem Bildschirm
lässt nicht nach
(Vertrauensanker auf der Schippe)
leise hör ichs Lachen
stiller Nachhall
ganz exakt drei ↑↑↑ Grad

Grade steigen sinkend
auf dem Wellenkamm der Schwerkraft
surfen wir
als A und O
ein Blitz-
licht ohne Helligkeit
das dreiste Raunen unverstandner
Kraft

Kraft als Formel
Energie gebündelt
in der Tiefe
unsrer Nacht

nächtens Flimmern
zeigst du mir mit deinem Blick
den Raum
die Stille
die in unsren Köpfen hallt
und in der Tiefe schrumpfen
millionenfache Sonnenmassen
auf ein Sand-
korn

Sandkorn
mein Gedanke
deine Stimme
Echo
fraglich
nur ein Abdruck
meiner Sinne

sinnlich fühlen wir die Fahrt
ein Blick ← zurück
ein Blick voraus →
hinaus in Tiefen eines Universums
das uns die Erkenntnis
vielfach und
(so scheints)
mit Schadenfreude
übern Haufen wirft

verworfen wurden Skizzen
Pläne
still Gedachtes und mit bestem Wissen
Anerzognes
denn wir wissen:
mit Getöse brachen Dämme
spülten fort
was ehedem für gut befunden
sieh
wie Worte rasch zerfallen
sieh
die Halbwertszeit des Bösen wächst ins Un-
ermessliche
ich spüre
dass du weißt
so reich mir deine Hand
damit die Einsamkeit des Zweifels
weicht

ich weiche nicht zurück
die Sicht erklart
der Kurs ist kalkuliert und fest-
gelegt
das Mikrofon spuckt leise Töne
denen ich die Antwort nicht mehr schuldig bin
die Zeit
die mir verbleibt
habt ihr vertan
ich bin die Ruhe vor dem
Sturm

stürmisch dringen Gammastrahlen
in die Kapsel
Boten einer Zukunft
oder Boten der Vergangenheit
die fahle Spuren hinterließ
ich blicke in dein Antlitz
frage mich
ob Technik eine Lösung bietet
fühle Leere nicht nur rund ums Schiff
doch dann:
dein Blick vertrauensvoll
verschmelzend mit dem meinen
wachsam hebe ich den Kopf

der Kopf gebiert den Anfang
ich berühre dich und frage mich
ob alles
was ich tue
bloß Gedanken-
sprünge
Geistes Gaukelei
in keiner Weise so real wie
Steuerinstrumente meiner Armatur
→ du sagst
ich soll die Augen schließen
und ich ahne
wie bedingungs-
los
die Wahrheit naht

naher Erdtrabant
vereinsamt dümpeln seine Krater
hell erleuchtet ist das Taggesicht
die Sehn-
sucht hält mich noch zurück
und trotzdem wächst die Zuver-
sicht
– „es ist noch nicht zu spät" –
die erste Nachricht
die ich euch zur Erde schicke
ins Kontroll-
kommando
(Silben, deren Sinn abhanden kam)
es *ist* noch nicht zu spät

spät fand ich zu deiner Nähe
Zuversicht muss langsam wachsen
(loszulassen war noch niemals meine Stärke
aber ja, es stimmt
Gemeinsamkeit
bedeutet loszulassen
die Kontrolle zu verteilen)
das
was wir gemeinsam schaffen
nimmt den Anfang im
Vertrauen

Vertrauen flutet Raum
wenn *ich* ihn damit fülle
jeder Hand-
griff kommt mir vor
wie stark gebremst
ein Nebel (unsichtbar) behaucht die Kapsel
angestrengt versuche ich die an-
gedachte Wand
mit meinen Worten zu durchdringen
doch der Widerhall ist bloß
ein Ton

Töne schälen sich vereinzelt
aus dem All
harmonisches Zusammen-
spiel
– der Klang des Cellos –
im Gedanken-
spiel ♫
die Vibration verebbt im Korridor
der Zeit
erzitternd
leicht

Leichtigkeit verlangt
nach ihrem Recht
klopft außen an die Haut der Kapsel
innen pocht sie
ohne dass ich ihren Ursprung weiß
geschlossnen Auges
fühle ich die Hand
in meiner
und allmählich macht sich
Leichtigkeit auch mir
gewahr

gewahrte ich die Sonne nicht mehr
bliebe ich im Zweifel über meine
Achtsamkeit
der Sonne gleißendes Gesicht verhüllte
meine Ignoranz
verfälschte meine Blindheit;
ich begreife
dass mein Pfad durch dich
und *nur* durch dich
Konturen schafft

schaffen wir
was viele bloß verabsäumt
schaffen wir die Farben auf der Lein-
wand
lass uns neue Wälder pflanzen
schaffen wir den Grundstock
einer ganzen Flora
geben wir dem Wellen-
rauschen
einen frischen Inhalt

inhaltsvoll wird jedes neue
Artefakt

————

mit *deiner* Hilfe
glaube ich den Schaltknopf unsrer
Umkehr frei-
gelegt

freigelegt ist unser
Weg
mich juckts
es gleich zu *twittern*
um das laute
„Bitte melden!"
endlich ab-
zu-
stellen

abgestellt und aufgelassen
Strategien
die eine Werkbank schufen
eingeleitet
Divergentes
alternierend und bewusst
ihr nennt es „widersprüchlich"
ja →
Vernichtung (quälend fortgeschritten)
provoziert den Widerspruch

Widerspruch ist jede Nachricht
aufzumucken macht mir Spaß
der Monitor bleibt schwarz und trotzdem
sehe ich
wie Schweigen alle Blicke bannt
————

komm her zu mir
wir werden nun die Rollen tauschen
drunter
drüber
nennen wir es für die Medien *Revolte*

revoltieren wir
verpassen wir den Flüssen ihren
neuen Lauf
im Flug zurück ver-
messen wir das Früher
und das Jetzt
von oben schwillt der blaue Fleck
zu farben-
prächtiger Staffierung

Staffage ist uns jeder Tropfen
sorgsam angesetzt und aufgenäht
wir geben acht
dass nichts die Statik stört
denn scharfer Gegenwind umpfiffe
unser Luftschloss rasch

„Raschest melden!"
„Letzte Nachricht nicht verstanden."
„Error?"
zaghaft purzeln Schnitzel einer über-
strapazierten Sprache
aus den Boxen des Computers
suchen ihren angestammten Platz
in unsrer Mitte
„Letzte Nachricht revidieren!"
„Prüfroutine starten!"
„Auf den Boden musst du schnell zurück!"
————

wir wissen
dass uns
nichts
mehr trennt

Trennendem gebührt ein Ablauf-
datum mit Verpflichtung
wenn ich deinen Blick auf meiner
Haut erspüre
drehe ich das Rad der Zeit
ein Stückchen weiter
rechne ich Konstanten
die der Welt vertraut sind
kalkuliere ich präzise
um den Zweiflern auch die Selbst-
verständlichkeit fein säuberlich
auf einem Silberteller an-
zurichten

angerichtet ist der Neubeginn
→ mit deiner Hilfe
wird er allen munden
füllen wir den Krug mit
freudiger Erwartung
einen zweiten mit
dem Glauben an die Zukunft
und zu guter Letzt den dritten noch mit
Selbstvertrauen

Selbstvertrauen in die Wende
Selbstvertrauen in die Korrektur
das Selbstvertrauen in die Menschheit
(Ausgangspunkt ein Plan
ein Rettungsschirm: die *Roadmap*)
richtet Blöcke
spitzt die Stifte
klappt das Notebook auf
wir *alle* packens an

wir packen die Gelegenheit beim Schopf
die Kapsel lichtgeflutet
nähert sich der Erde mit → Rasanz
die Bremsraketen mildern die Geschwindigkeit
wir wissen
dass der Winkel stimmen muss
die Hitzeschilde werden halten
und den Tunnel durch die Atmosphäre bohren
bis dahin ists nicht mehr weit
ich warte
Angesicht zu Angesicht
mit dir

dir danke ich
die Selbsterkenntnis
Fortschritt heißt
gemeinsam alles durchzudenken
zweisam zuzulassen
was vordem im Dunstkreis einer
Aporie gelegen;
schreiten wir nun fort!

„Fort!"
„Hinweg!"
„Verschone uns mit Hirngespinsten!"
trotzdem schicktet ihr
mich um den Mond;
ein flüchtiger Gedanke:
war euch an der Forschung nicht gelegen?
hattet ihr die Rückkehr nie geplant?
erkanntet ihr in keiner Weise eure
Chance?

Chancen liegen auf dem Weg
verwechselt oft mit Kiesel-
steinen
bunte Ober-
flächen glänzen in der Helligkeit
und nichts verrät
dass Dunkles in der
Übermacht
(wir wissen aber
dass ein Kieselstein
genauso wie ein Sandkorn
wohl der Größe Anfang ist)

anfangs war die Kapsel meine eigne
Welt
und trotz des Blickes aus dem Fenster
sah ich *nichts*
so lange
bis du mir als Spiegel-
bild erschienst

erscheint ein Punkt im
Teleskop
beginnt der Eintritt in die
Atmosphäre
Instrumente halten still
der *Touchdown* naht
Systeme kontrollieren Überleben

Überleben heißt der Plan
Gewässer säubern
Wälder retten
Lebensvielfalt wahren
Stoffe aus Natürlichkeit er-
finden
Energie der Sonne und Ge-
zeiten nutzen
blaue Scheibe
samtgebettet in der Finsternis
(ihr habt sie viel zu lang
missachtet)
→ machen wir die Ankunft
zum Beginn
und zollen wir Respekt
dem blassen blauen Punkt im Kosmos
denn wir haben bloß dies *eine*
Sandkorn

Sandkorn
Körnchen Wahrheit
– Piccolo, zwei hohe Töne –
Hilfestellung elektronisch
Cognitive Computing
mit dem rechten Ethik-
rahmen ein Atout für unsre
Zukunft

Zukunft heißt das neue alte Wort
ein Paukenschlag und erster Satz der Symphonie
das Cello weist die Violinen ein und aus dem
Hintergrund ertönt ein ♫ Flötenklang
ich reiche dir die Hand
ergreife eine Welt und mache → dich ←
zum Inbegriff des Seins

das Sein am Prüfstand
lose Werte
eingekerbte Raster rinnen flugs davon
– ein Violinenstreich –
die Strategie nimmt jetzt Konturen an
und Flammen lodern auf am Widerstand der Luft
die Kapsel hitzt
und ihre Flugbahn nähert sich in freiem Fall
dem Ende (=Anfang)
– Kontrabass und Trommelwirbel –
Fallschirmbremsung
Aufprall
metertief im Ozean

Ozean – Metapher der Un-
endlichkeit – das All hat uns vereint
die Luke öffnet mir den Weg hinaus
die Arme ausgestreckt, mit dir an meiner Seite
unter Wasser nutzen wir den Auftrieb
Bläschen steigen vor uns auf und
spielen eine Symphonie
gemeinsam lassen wir uns Zeit für eine Zeiten-
wende, unser Neu-
beginn ist vorbereitet
mit den Fingerspitzen tasten wir uns
aneinander
suchen einen Ansatz, den wir längst
in *uns* gefunden haben
zuversichtlich
eng umschlungen aufgetaucht
die Sonnenstrahlen künden neue
Hoffnung

.

Klaus Ebner wurde 1964 in Wien geboren und lebt heute mit seiner Familie in Schwechat (Niederösterreich). In den 1980er Jahren studierte er Romanistik und Germanistik. Er ist Autor von kurzen Prosatexten, Erzählungen, Romanen und Essays. Gedichte schreibt und veröffentlicht er auf Katalanisch und Deutsch.

Er erhielt den Wiener Werkstattpreis 2007 (für Erzählung und Essay) sowie den katalanischen Lyrikpreis Premi de Poesia Parc Taulí 2014, war Finalist bei La Catalana de Lletres 2004, beim Feldkircher Lyrikpreis 2005 sowie beim Premio Internazionale di Poesia Nosside 2007.

In Buchläden und im Online-Handel erhältlich:

»Warum (… ich schreibe)«, Essay
»wieso der Mückenschwarm dein Augenlicht umtanzt«, Lyrik
»Blaus/Bläuen«, Lyrik, katalanisch/deutsch
»Vermells/Röten«, Lyrik, katalanisch/deutsch
»Hominide«, Erzählung
»Lose«, Kurzgeschichten
»Auf der Kippe«, Kurzprosa
»Ohne Gummi«, Prosa
»Andorranische Impressionen«, Essay
»Dort und anderswo«, Essays
»Physikstunde«, Erzählungen
»Sentits«, Essay, katalanisch
»Vestigis«, Lyrik, katalanisch
»Forats«, Lyrik, katalanisch

www.klausebner.eu